फैब्रीकेटर्स की कमाई बढ़ाने हेतु भारत की सबसे पहली पुस्तक

STAINLESS STEEL

फैब्रिकेटर्स
अपनी कमाई को

गुना
कैसे करें

महंगी मार्केटिंग और कॉम्पिटिशन के बिना
लगातार काम पाएँ।

फैब्रीकेटर्स की कमाई बढ़ाने हेतु भारत की सबसे पहली पुस्तक

STAINLESS STEEL

फैब्रिकेटर्स अपनी कमाई को

10 गुना कैसे करें

महंगी मार्केटिंग और कॉम्पिटिशन के बिना
लगातार काम पाएँ।

मनदीप गोयल

Worldwide Publishing by
Pendown Press

PENDOWN PRESS

An ISO 9001 & ISO 14001 Certified Co.,
Regd. Office: 2525/193, 1st Floor, Onkar Nagar-A,
Tri Nagar, Delhi-110035
Ph.: 09350849407, 09312235086
E-mail: info@pendownpress.com
Branch Office: 1A/2A, 20, Hari Sadan, Ansari Road,
Daryaganj, New Delhi–110002
Ph.: 011-45794768
Website: PendownPress.com

Second Edition: 2023

ISBN: 978-93-5554-408-7

All Rights Reserved
All the ideas and thoughts in this book are given by the author and he is responsible for the treatise, facts and dialogues used in this book. He is also responsible for the used pictures and the permission to use them in this book. Copyright of this book is reserved with the author. The publisher does not have any responsibility for the above-mentioned matters. No part of this publication may be reproduced, distributed, or transmitted in any form or by any means, including photocopying, recording, or other electronic or mechanical methods, without the prior written permission of the Publisher and Author.

Layout and Cover Designed by Pendown Graphics Team
Printed and Bound in India by Thomson Press India Ltd.
Illustration Designed by Pendown Press Illustration Team

समर्पण

मैं उन सभी प्रिय बंधुओं को दिल से धन्यवाद व्यक्त करता हूँ जिन्होंने मेरी यह पुस्तक पूरी करने में मदद की है।

सर्व प्रथम मैं अपनी पुजनीये माता जी श्रीमति ऊषा गोयल व पिता जी श्री जय भगवान गोयल जी का आभार प्रकट करता हूँ जिन्होंने मुझे इस लायक़ बनाया कि मैं आज जिस काम में हाथ डालता हूँ वो सफलतापूर्वक पूरा होता है।

मैं अपने सभी गुरुओं का दिल से अभिवादन करता हूँ जो मेरा लगातार मार्गदर्शन करते हैं, व उन्हीं के दिए हुए ज्ञान के कारण मैं आज कुछ भी करने को सक्षम हूँ।

मैं धन्यवाद करता हूँ मेरी धर्मपत्नी शालू गोयल जिसने मेरे हर कदम पर पूर्ण साथ दिया व इस पुस्तक को लिखने में मेरे साथ दिन-रात मेहनत की।

मैं अपने दोनों भाई दिनेश और जतिन, बच्चे व पूरे परिवार का धन्यवाद करता हूँ जो सदैव मेरे साथ हैं।

मैं धन्यवाद करता हूँ राधा रमण ट्रेडर्स की हमारी पूरी टीम का व हमसे जुड़े सभी फैब्रिकेटर का हमसे माल लेने वाले सभी ग्राहकों का व सभी वेन्डर्स का जिनसे हम माल लेते हैं या लेते रहें हैं क्योंकि इन्हीं के सभी के सहयोग के कारण ही हम निरंतर प्रगति कर रहे हैं और लगातार आगे बढ़ रहे हैं।

इन सभी के अतिरिक्त मैं अपने सारे मित्र, रिश्तेदार व प्रिंटिंग टीम का भी तहेदिल से आभारी हूँ, जिन्होंने इस पुस्तक को लिखने में मेरा पूर्ण सहयोग किया।

विषय-सूची

लेखक परिचय   1
About Author

यह पुस्तक महत्वपूर्ण क्यों है?   3
Why this Book is important

01
"पहले अपने आपको फैब्रिकेट कीजिए," से क्या तात्पर्य है?
What is Fabricate Yourself First   5

02
वर्तमान परिदृश्य
Current Scenario   7

03
ग्राहक की जरूरत को समझें और उसे वही दें जो वह चाहता है।
Understand Customer Need & Give What they want   9

04
सही मार्गदर्शन प्रदान करें।
Give Correct Guidelines   12

05
ग्राहक के साथ विश्वास एवं अच्छे संबंध बनाएँ।
Trust & Good Relation With Customers   15

06
बिक्री उपरांत सेवा
After Sale Service — 18

07
हर बार, समय पर
On time, Everytime — 20

08
बिना मार्केटिंग के जीवनभर काम प्राप्त करते रहने की व्यवस्था।
Without Marketing Lifelong Referral Engine — 24

09
अपनी छवि और सम्मान को बनाकर रखें।
Own Self Image & Respect — 28

10
सस्ता माल ख़राब, महँगा माल अच्छा क्यों?
Why there is perception of Cheap Product Good, Costly Product Better? — 30

11
स्टेनलेस स्टील में आज से ही जुड़ना क्यों जरूरी है?
Why it is important to get associated with stainless steel from today itself? — 33

लेखक परिचय
About Author

नमस्ते,

मैं मनदीप गोयल 11 साल की उम्र से अपने व्यापार से जुड़ा हूँ व लगातार व्यापार को करते हुए अपने व्यापारियों से नई-नई बातें सीखता हूँ। मैं अपने व्यापार को नई ऊँचाइयों व मुकाम पर पहुंचाने के लिए इंडिया के बेस्ट व टॉप बिजनेस कोचेज, मेन्टर्स व मार्किटिंग के चाणक्य से कोचिंग ले रहा हूँ।

मैं व्यापारी होने के साथ-साथ एक सामाजिक व धार्मिक कार्यकर्ता भी हूं व वक्ता के रूप में भी जाना जाता हूं। मुझे लोग कम्युनिकेशन का भीष्म पितामह भी कहते हैं, मैं ''राधा रमण ट्रेडर्स'' (RRT) के नाम से दिल्ली में स्टेनलेस स्टील के रॉ मटेरियल व प्रोडक्ट्स की रिटेलिंग व होलसेलिंग का बिजनेस सफलतापूर्वक कर रहा हूँ।

बचपन से ही मेरी रुचि स्टेनलेस स्टील में थी क्योंकि अपने स्कूल के दिनों से ही मैंने विश्व प्रसिद्ध स्टील टायकून लक्ष्मी मित्तल के बारे में सुन रखा था। तभी मैंने यह फैसला कर लिया था कि मुझे पूरे भारत का स्टील किंग बनना है। मैं उस टाइटल को पाने के लिए जी-तोड़ मेहनत कर रहा हूं और आज हम उसके बहुत ही करीब हैं।

RRT को आज इस उद्योग के विशेषज्ञ और 'फैब्रीकेटर जगत की आँख के रूप में जाना जाता है। जिसके पास सभी ग्रेड्स में SS के पाइप्स व एक्सेसरीज शीट्स, एंगल्स, रोड्स, पत्ती व फिटिंग का सामान उपलब्ध है। हम 4500 से भी ज्यादा उत्पाद रखते हैं। हम समाधान के रूप में 'एक ही छत के नीचे सभी उत्पाद' की व्यवस्था प्रस्तुत करते हैं, जहाँ हम काटने, वैल्ड करने और पोलिश करने सहित फैब्रिकेशन से जुड़ी स्टेनलेस स्टील का सभी प्रकार का सामान उपलब्ध करवाते हैं।

भारत में हम अभी तक पहली व इकलौती दुकान हैं जहाँ इतनी वैरायटी में सभी क्वांटिटी व क्वालिटी में सामान उपलब्ध है।

यह पुस्तक महत्वपूर्ण क्यों है?
Why this Book is important

मैं मनदीप गोयल पिछले 27 वर्षों से फैब्रिकेशन की इंडस्ट्री से स्वयं जुड़ा हुआ हूँ। वैसे तो हम इंडस्ट्री से 90 के दशक से जुड़े हुए हैं, जबसे मेरे पिताजी श्री जय भगवान जी गोयल ने MS Casting के काम, Shree Vaishno Foundry Works की शुरूआत की जिसे मैंने 1996 में 11 साल की उम्र में ज्वाइन किया व 2008 में हमने स्टेनलेस स्टील के होलसेल ट्रेडिंग बिजनेस, "Radha Raman Traders" की शुरुआत की। इस 27 साल के जीवन में, मैं लगभग दिल्ली व NCR व देश के अलग-अलग कोने के सैकड़ों फैब्रिकेटर्स से व्यक्तिगतरूप से अनेकों बार मिला हूँ। 'RRT' को आज दिल्ली व देश में एक ब्रांड बनाने में इन सभी का बहुत बड़ा योगदान है।

सभी फैब्रिकेटर्स से मिलकर उनकी पीड़ाओं, दर्द व व्यापार को मैंने बहुत ही करीब से देखा और समझा है। बहुत ही भारी मन से लिखना पड़ रहा है कि न चाहते हुए भी, फैब्रिकेटर्स बहुत से काम ऐसे कर जाते हैं, जो उन्हें बहुत ज्यादा नुकसान पहुँचाते हैं। साथ ही उनके व्यापार में कठिनाई पैदा करते हैं। उन गलतियों के कारण उन्हें दुबारा काम नहीं मिलता है, अथवा उसमें कठिनाई आ जाती है।

दोस्तों, एक सबसे महत्त्वपूर्ण बात! हमारे फैब्रिकेटर्स बंधुओं की एक सबसे बड़ी समस्या यह रहती है कि जो काम अभी हाथ में है, उसे तो वे 4, 6, 10, 15 दिन में पूरा कर लेंगे, फिर इसके बाद, और क्या करें? फिर क्या करेंगे? फिर काम कहाँ से आएगा?

यही सोचकर परेशान होते रहते हैं। कुछ के पास काम होता है, तो कुछ के पास नहीं होता। इसके बारे में मैं सौ फीसदी विश्वास के साथ कहना चाहता हूँ कि मैंने कुछ सीक्रेट्स जो आपके साथ इस किताब के माध्यम से लिखकर साझा किए हैं, उनको अगर आप मानेंगे और अपने जीवन व व्यापार में फॉलो करेंगे, तो मैं यह दावे के साथ लिखकर दे सकता हूँ कि आपका व्यापार हमेशा बढ़ेगा, आपके पास काम हमेशा रहेगा और आप निरंतर काम में ही व्यस्त रहेंगे। आपको कभी भी काम को ढूँढ़ने के लिए इधर-उधर भटकना नहीं पड़ेगा।

हर फैब्रिकेटर की इच्छा होती है कि उसको लगातार काम मिलता रहे व उसके रुपये बिना कटे व समय से मिलें। मैं उनकी पीड़ा को करीब से समझता हूँ और इस किताब के माध्यम से मैं उन फैब्रिकेटर्स को ऐसी सुनहरी जादुई बातें बताना चाहता हूँ जिन्हें मान (Follow) करके वे अपना व्यापार लगातार बढ़ा सकता हैं। वे अपने आपको एक 'ब्रांड' के रूप में स्थापित कर सकते हैं। मुझ पर विश्वास करें, क्योंकि मेरे द्वारा बताई गई सभी बातें मैंने व मेरे परिवार ने शुरू से ही मानी हैं जिस कारण हम अपने व्यापार में निरंतर तरक्की कर रहे हैं। इसलिए मैं चाहता हूँ कि मेरे 27 साल के अनुभव को मानते हुए आप भी निरंतर प्रगति करें। यह किताब आपको सबसे पहले अपने आप पर काम करने की कुछ आसान व ख़ास बातें बताएगी। इसलिए यह किताब आपके लिए बहुत महत्त्वपूर्ण है।

अध्याय 1

पहले अपने आपको फैब्रिकेट कीजिए, से क्या तात्पर्य है?

What is Fabricate Yourself First?

इस शीर्षक को पढ़कर आप समझ रहे होंगे कि यह टॉपिक किसी के शरीर को ठीक करने के उद्देश्य से लिखा गया है, परंतु यहाँ यह बताना अति आवश्यक है कि **"पहले अपने आपको फैब्रिकेट कीजिए"** (Fabricate Yourself First) विषय गेट, ग्रिल, रेलिंग व अन्य उत्पादों के फैब्रिकेटर्स के काम में आने वाली दिक्कतों के समाधान के लिए लिखा गया है। इस विषय पर विस्तृत चर्चा मेरी इस किताब **"फैब्रिकेटर्स अपनी कमाई को 10 गुना कैसे करें,"** में की गई है। इस किताब में ऐसी बातें बताई गई हैं जिन्हें पढ़कर आपको ऐसा लगेगा, जैसे कि आपके हाथ में एक जादुई चिराग लग गया हो और उसे आपने घिसा तो एक जिन्न निकलकर आया जो आपकी सारी छुपी हुई इच्छाएँ पूरी करेगा।

आप मेरी बात से अभी तक शायद पूरी तरह सहमत नहीं होंगे। इसलिए इसको थोड़ा और विस्तृत करते हुए यह लिख रहा हूँ कि मेरी यह किताब आपको अपने आप पर काम करने की ऐसी विशेष बातें बताएगी जिससे आपका व्यापार बड़े आराम से जीवनभर निरंतर प्रगति करते हुए आपकी कंपनी को एक ब्रांड के रूप में स्थापित

कर देगा। इसके साथ ही यह पुस्तक लगातार आपको काम कैसे मिले, इसकी चिंता छोड़ने के 100% fail proof तरीके भी सिखाएगी। इस तरह की किताब धरती पर पहली बार किसी ने फैब्रिकेटर्स के लिए लिखी है, क्योंकि "Fabricators Are The Creators of Industry".

जो फैब्रिकेटर्स हैं वे अपने आपको किसी भी दृष्टि से डेली लाइफ का पार्ट नहीं समझते। मैं आपको बताना चाहता हूँ कि सबसे ज्यादा एक घर में कुछ दिखता है तो वह फैब्रिकेटर का काम ही है। एक आदमी स्वयं अपने घर में कई बार इधर से उधर चक्कर लगाता है। तब उसे क्या दिखता है? वह किस चीज को हाथ लगाता है? सीढ़ियाँ चढ़ते वक्त वह किस चीज को देखता है? रेलिंग को। बाहर बालकनी में जाता है तो किस चीज को टच करता है? बालकनी की रेलिंग को। सीढ़ियाँ चढ़ते वक्त किस चीज को पकड़ता है? हैंडरेल को। आप मॉल्स में जाते हैं तो सीढ़ियाँ चढ़ते वक्त या फिर मैट्रो में सफर करते वक्त आप किस चीज को पकड़ते हैं? अरे सब

पहले अपने आपको फैब्रिकेट कीजिए, से क्या तात्पर्य है?

कुछ वही तो है! वह रेलिंग ही तो है जिसे आप पकड़ते हैं, और जो आपका सीढ़ियाँ चढ़ने का, आगे बढ़ने का, मंजिल पर पहुँचने का सहारा है। तो आप इस बात को समझें कि फैब्रिकेटर्स उसकी लाइफ में उनको आगे बढ़ाने का मुख्य सहारा है।

आप सोचकर देखें कि अगर गेट बनाने वाले लोग नहीं होते तो आज मॉल्स, दुकानों, शोरूम्स, घरों में गेट नहीं होते, जिस कारण चोरी, डकैती होती। अगर बालकनी में ग्रिल तथा सीढ़ियों में रेलिंग नहीं होती तो लोग हादसे का शिकार होते, उनके गिरने का खतरा होता। इसलिए फैब्रिकेशन का काम व उसे करने वाले फैब्रिकेटर्स अति महत्वपूर्ण व आवश्यक हैं।

अध्याय 2

वर्तमान परिदृश्य
Current Scenario

आज फैब्रिकेशन के काम का मूल्यांकन दो तरीकों से किया जाता है।

TWO WAYS OF CALCULATION SCENARIO	
Rs. Per Sq. Feet	Rs. Per Kg

काफी लोग (फैब्रिकेटर्स) सिर्फ काम पाने के लिए या फिर ग्राहक के द्वारा दिए गए रेट जो वो किसी और से पता करके आता है, के आधार पर अपने रेट व क्वालिटी (quality) को भूलकर व ग्राहक की आवश्यकता को ध्यान में रखे बिना समझे ही किसी भी स्तर पर जाकर, किसी भी रेट पर काम करने को तैयार हो जाते हैं, क्योंकि उन्हें उस काम की सारी खामियाँ (loopholes) पता होती हैं।

उदाहरण के लिए, ग्राहक को गेट बनवाना है और उसके डिज़ाइन के हिसाब से किसी फैब्रिकेटर ने उसे 16 Gaze के माल का रेट लगाकर दिया हो- Rs. 2000/- per/sq. ft. और वह जब दूसरे फैब्रिकेटर के पास उसी डिजाइन को लेकर जाता है और रेट पूछता है तो दूसरा फैब्रिकेटर उसे Rs.1600/- per/sq. ft. का रेट बताता है, जिसमें फैब्रिकेटर यह नहीं बताता कि कौन सी Gaze का माल लगेगा। और न ही वह ग्राहक उससे यह पूछता है। इसी बात का फैब्रिकेटर्स फायदा उठाते हैं और हमेशा Grade & Gaze बताते कुछ

और हैं और लगाते कुछ और हैं। जो लोग तोल के हिसाब से काम करवाते हैं, तो जहाँ हल्के Gaze की जरूरत होती है, वहाँ तोल में काम होने के कारण वे जानबूझकर भारी से भारी माल लगाते हैं, ताकि जिस काम में अगर आवश्यकता 18 Gaze के माल की थी और वह काम केवल 1 लाख में हो जाता, वहाँ वे जानबूझकर 14 Gaze का माल लगाते हैं, ताकि 1 लाख की बजाय उन्हें 1.5 लाख रूपये मिलें। जब ग्राहक को ऐसा पता चलता है तो वह फैब्रिकेटर के पैसे नहीं देता और उसके खिलाफ दुष्प्रचार करता है। जिस कारण ऐसे फैब्रिकेटर को काम मिलने में कठिनाई आती है और उसके काफी पैसे ऐसे ही बाजार में मारे जाते हैं।

इसलिए हर फैब्रिकेटर को पहले ग्राहक की जरूरत को समझना चाहिए और फिर जो चीज बननी है, उसमें क्या लगाना चाहिए, वह समझे और समझाए और फिर सही से गणना करके ही रेट बताएँ और बिना डरे बताएँ। ग्राहक को इस बात की पूरी जानकारी दें कि आप कौन से Gaze, और कितने वजन का माल लगाएँगे। उससे आपके प्रति उसका विश्वास बढ़ेगा और वह आपको आगे काम भी देगा।

अध्याय 3

ग्राहक की जरूरत को समझें और उसे वही दें जो वह चाहता है

Understand Customer Need & Give What they want

फैब्रिकैटर के यहाँ जब भी ग्राहक आता है तो वह उसे वही दे रहा होता है जो वह माँगता है। वह उससे पूछता भी नहीं है कि आपको क्या चाहिए? क्यों चाहिए? फैब्रिकेटर को जो ग्राहक बोल रहा होता है, उसे वह वही दे देता है। मैं दोहराना चाहता हूँ कि जब ग्राहक कुछ माँग रहा होता है, तो दरअसल वह कुछ और माँग रहा होता है, क्योंकि उसको पता ही नहीं है कि जो मैं माँग रहा हूँ, उसे माँगना कैसे है? तो इसके लिए हमें चाहिए कि इसके लिए हम हमेशा सबसे पहले उसकी जरूरत को समझें! उसकी बिल्डिंग की, घर की, फैक्ट्री की जरूरत को समझें।

काफी लोग, बिना मेहनत किए ही उन्होंने जो बनाया है और जो उनके लिए आसान है, उसे ही वे ग्राहक को बेचने की कोशिश करते हैं। भले ही उसको खरीदने में ग्राहक को मजा नहीं आता, लेकिन फैब्रिकेटर उसको बोलता है कि यह अच्छा है और इसलिए सारे लोग यही लगवा रहे हैं लेकिन ऐसा कहकर वह इसे ग्राहक पर थोप रहा होता है। इसलिए उस डिजाइन का, या जो भी काम वह कर रहा होता है, उसे उसका उतना पैसा नहीं मिलता, जितना कि उसे मिलना चाहिए।

ग्राहक की जरूरत को समझें और उसे वही दें जो वह चाहता है

पहले हम उसकी जरूरत को समझें और फिर उसी के हिसाब से चीज बनाकर दें। कुछ रचनात्मक बनाकर दें, जो कि एक फैब्रिकेटर का काम है।

Actually **"Fabricator is a Creator"**, so he should create the New Things and New Ideas.

ग्राहक की जरूरत को समझो, उसके अनुसार उसको कुछ बनाकर दो, क्योंकि फैब्रिकेटर ग्राहक की जरूरत के हिसाब से कुछ भी बना सकता है।

एक आर्किटेक्ट मेरे मित्र हैं, वे पहले ग्राहक की आवश्यकता को समझते हैं, पूछते हैं की आपको घर कैसा चाहिए? तब किसी कार्य को करते हैं, अपने हाथ में लेते हैं। एक बार जब किसी ग्राहक ने उन्हें बताया कि मुझे ऐसा घर चाहिए। तब उन्होंने बोला कि जो आपने प्लॉट लिया है, वह छोटा है और उस पर जो आप माँग रहे

हो, वह नहीं बन सकता। तो उस ग्राहक ने बोला कि तीन लोगों ने तो डिजाइन भेज दिया, आप वह बनाओ जो मैं माँग रहा हूँ। उन्होंने बोला, नहीं जी, जो आप माँग रहे हो और जो आपको चाहिए वो इस साइज में नहीं बन सकता और वे मना करके वापस आ गए। फिर उसी ग्राहक ने उस आर्किटेक्ट को दो साल बाद फोन किया और बोला कि आपसे मिलने के बाद मुझे समझ में आया कि आप सही थे। आप जो बना रहे थे वह ही सही था। अब आप मेरे अनुसार बनाओ, क्योंकि उसी के हिसाब से मैंने प्लॉट ले लिया है। अब आप आओ, मेरी जरूरत को फिर से समझो, और उसी हिसाब से मुझे घर बनाकर दो।

आप देखिए, इससे उसको दो फायदे हुए–

1. एक तो ग्राहक ने उसे दो साल बाद फोन किया।
2. दूसरा वह उसको ज्यादा पैसे भी देगा, समय पर भी देगा। सोचिए ऐसा करने से उस आर्किटेक्ट की उस ग्राहक के सामने कितनी इज्जत बढ़ी होगी!

हमें आर्किटेक्ट को भी समझना चाहिए कि आर्किटेक्ट क्या चाहता है। उसकी इस बात को समझना चाहिए कि उस घर के अंदर डिजाइन किस प्रकार से लगेगा। हमें समझना चाहिए कि उसकी क्या फीलिंग है और वह क्या बनाना चाहता है, न कि जो हमने सोचा है उसी को कॉपी/पेस्ट करना चाहिए।

फैब्रिकेटर का कर्त्तव्य है कि पहले ग्राहक की पूरी बात सुने और फिर उसके हिसाब से ही घर बनाएँ, जैसा कि बाल काटने व दाढ़ी बनाने वाले करते हैं, जैसा कि कपड़े सिलने वाला दर्जी करता है।

जब फैब्रिकेटर अपने ग्राहक को उसके हिसाब से काम देगा तो वह खुश होगा। उसे लगेगा कि मुझे वही मिला है जो मैं चाहता था।

ग्राहक की जरूरत को समझें और उसे वही दें जो वह चाहता है

एक और उदाहरण, अगर दुकानदार आपको 16 Gaze की जगह 14 Gaze दे और 304 की जगह 202 दे, सिर्फ अपने फायदे के लिए, तो आपको कैसा लगेगा?

इसलिए ग्राहक जो माँगे हमेशा उसे वही दें, अगर उससे हमेशा काम पाना है।

अध्याय 4

सही मार्गदर्शन प्रदान करें
Give Correct Guidelines

मैंने अक्सर यह देखा है कि बहुत से फैब्रिकेटर जो sq. ft. में काम करते हैं, अपने फायदे के लिए जानबूझकर ग्राहक से हल्का माल लगवा देते हैं और जो फैब्रिकेटर तोल में काम करते हैं वे भारी माल लगवा देते हैं। लेकिन, उस ग्राहक को जिसके घर में, कोठी में, फैक्टरी में माल लगा, उसको कुछ समय बाद, महीने दो महीने में, कहीं न कहीं से यह पता लग ही जाता है कि उसके यहाँ जो माल लगा है वह गलत है। तब वह ठगा हुआ महसूस करता है। उसको लगता है कि उसके साथ किसी ने बहुत बड़ा धोखा किया है, चोरी की है। तब वह व्यक्ति बहुत ही परेशानी में आ जाता है।

सही मार्गदर्शन का मतलब है कि आप नाई के पास गए और आपने पूछा कि मैं ऐसे बाल कटवा लूँ या ऐसी दाढ़ी बनवा लूँ और उसने "हाँ" कह दिया क्योंकि, उस स्टाइल को करने के, हो सकता है कि 200 की जगह उसको 1000 मिल रहे हों या वैसी दाढ़ी बनाने के उसे 500 की जगह 800 मिल रहे हों। लेकिन उससे आपका जो हुलिया था वह इतना बेहूदा हो गया कि आप उस नाई को मारने पर उतारू हो गए।

सही मार्गदर्शन प्रदान करें

ऐसा ही कपड़ों के बारे में भी है। अगर दर्जी आपको गलत गाइड कर दे और आप किसी फंक्शन में उसी तरह के कपड़े पहनकर चले जाएँ तो लोग आपका मजाक बनाएँगे। कहेंगे कि अरे! ये तो अच्छा ही नहीं लग रहा, तो फिर आप पुराने कपड़े पहनेंगे या कुछ और पहनेंगे, पर ऐसा करने से आपको सामने वाले पर बहुत गुस्सा भी आएगा।

ऐसी ही स्थिति फैब्रिकेटर के साथ भी है। वह ग्राहक जिसके घर या फैक्ट्री में सामान लगना है, वह भी उसी भावना के साथ फैब्रिकेटर के पास जाता है। वह चाहता है कि उसको कोई सही गाइड करे। जो वो चाहता है, माँग रहा है, जैसा उसे चाहिए, अगर उसे वैसा मिल जाएगा तो वह आपकी इज्जत करेगा। पैसा टाइम से वह पूरा देगा। आपका रेफ्रेंस देगा, आपको आगे और काम भी देगा। जो नाई आपकी अच्छी मालिश करता है तो उसके लिए आप दस लोगों को बोलते हैं कि अरे! उस नाई के यहाँ जाना, वह अच्छी मालिश करता है। या जब दर्जी एक बार आपकी पैंट सही सिल दे तो आप कहेंगे कि अरे! क्या फिटिंग थी यार, मजा ही आ गया।

बात सिर्फ समझने की है कि किसी हलवाई की दुकान से एक बार समोसा खा लो। अगर आपको उसका समोसा तो अच्छा नहीं लगा लेकिन, उसकी चटनी ही अच्छी लग गई तो आप कहोगे कि यार, समोसे का तो नहीं पता लेकिन उसकी तो चटनी बड़ी अच्छी थी। आप कभी किसी से रास्ता पूछते हैं और कोई आपको गलत रास्ता बता दे तो कितना गुस्सा आता है। और जो सही रास्ता बता दे, जो हमें सही मंजिल पर पहुँचा दे तो उसको हम थैंक यू बोलते हैं। कस्टमर को हमेशा सही गाइड करें। आप उससे अगर दिल खोलकर बात करेंगे और बिल्कुल स्पष्ट बात करेंगे तो वह आपकी बात को समझेगा, मानेगा और आपका जीवनभर सम्मान करेगा।

मेरा उद्देश्य, मेरा मिशन भी यही है कि मैं फैब्रिकेटर भाइयों को अपग्रेड करूँ, उनकी लाइफ को सुधारूँ और आपका सम्मान करवाऊँ।

अध्याय 5

ग्राहक के साथ विश्वास एवं अच्छे संबंध बनाएँ
Trust & Good Relation with Customers

*"People don't buy products or goods
People buy, people first."*

*"लोग सामान नहीं खरीदते
लोग पहले लोगों को खरीदते हैं।"*

इसका मतलब यह है कि कोई भी व्यक्ति सबसे पहले सामान नहीं खरीदता, बल्कि सामने वाले व्यक्ति की भाषा एवं व्यवहार से प्रभावित होकर सबसे पहले वह उसके साथ अच्छा संबंध बनाता है। आप, नाई के सामने अपनी गर्दन झुकाकर के बैठ जाते हैं, यह सोचकर एवं इस विश्वास के साथ कि वह आपके बाल सही काटेगा, क्योंकि हर बार वह आपके बाल सही काटता है, इसलिए आपको डर भी नहीं लगता। आप इसको विपरीत तरीके से सोचकर देखें, आपके ऑफिस या घर के अंदर कोई व्यक्ति चाकू-छुरी लेकर आ जाए, या कोई अन्य हथियार लेकर आ जाए, तो क्या होगा? आप उससे डरेंगे और भागेंगे, लेकिन वहीं इसके विपरीत, नाई के सामने

आप गर्दन को झुका के अपना समर्पण कर देते हैं, क्यों? क्योंकि आपको उस पर भरोसा है।

ऐसे ही हलवाई या कोई भी अनजान रेहड़ी वाला, जिसको आप जानते भी नहीं, उसके यहाँ रुक कर आप उससे अपनी पसंद का कुछ भी खा लेंगे। आपको पता भी नहीं होगा कि उसने कौन सा घी या तेल इस्तेमाल किया है। फिर भी उसकी चीज को आप इतने विश्वास और मजे से खाते हैं, जैसे दुनिया की सबसे अच्छी चीज वही है। इसमें सबसे पहले हम सामने वाले (नाई या रेहड़ी वाले) का व्यवहार देखते हैं। यदि वह प्यार से बात करे तो बात बनती है, अन्यथा नहीं। लेकिन इसके विपरीत काफी फैब्रिकेटर्स का व्यवहार बहुत खराब होता है, जिसके कारण यह पूरी इंडस्ट्री बदनाम हो गई है। इसलिए यह कहावत याद आती है कि **"एक मछली सारे तालाब को गंदा कर देती है।"** इस कारण से, आज सही व्यक्ति की पहचान करना भी मुश्किल होता जा रहा है।

ग्राहक के साथ विश्वास एवं अच्छे संबंध बनाएँ

आज घरेलू आदमी, आर्किटेक्ट, इंटीरियर डेकोरेटर का फैब्रिकेटर्स पर विश्वास है ही नहीं। उसे लगता है कि उसने जो बोला है, या उसके भाई और फैब्रिकेटर साथी जो बोलते हैं, कभी करते नहीं हैं। इसकी बजाय जो फैब्रिकेटर्स अपना वादा पूरा करते हैं, आज उनकी बाजार में इज्जत है, उनके ब्रांड्स बचे हुए हैं। आपको ग्राहक का विश्वास जीतना होगा। आपको उसे अपनी बातें बतानी हैं, दिखाना है कि देखिए हम जो बोलते हैं, वह करते भी हैं। ऐसा करने के कारण ही आज मैं 1996 से इस व्यापार में बना हुआ हूँ। लगभग उससे पहले से, जबसे हमने यह व्यापार शुरू किया है, लगभग 30 साल से हमसे जुड़े हुए लोग आज भी हमारे साथ व्यापार कर रहे हैं। यह विश्वास एवं प्यार जो हमने कमाया है उसी की बदौलत आज हमारा काम अपने आप में एक ब्रांड है।

ऐसा करने से, हमें वह सभी ग्राहक हमेशा काम देते हैं और हमें अपने सुख-दुख का साथी भी मानते हैं। कहा जा सकता है कि-

(Relation is Always Important)
"संबंध हमेशा महत्वपूर्ण होता है,
समय पर वही काम आएगा।"

अध्याय 6

बिक्री उपरांत सेवा
After Sale Service

आपने बहुत सी बार देखा होगा और आप इसे अनुभव भी करते होंगे कि आपने कुछ ब्रांडेड कपड़े खरीदे या फिर दर्जी से कपड़े सिलवाए तो वे हमें मुफ्त में कुछ समय के लिए या फिर कुछ ब्रांड, मुफ्त में आजीवन (जीवनभर) अल्ट्रेशन की सेवा देते हैं। वैसे ही गाड़ी, बाइक, साइकल, मोबाइल, लेपटॉप, फ्रिज, ए.सी., टी.वी., वॉशिंग मशीन, मिक्सी, या आजकल वाई-फाई का राउटर खरीदने पर कुछ समय की मुफ्त सेवा मिलती है या फिर समस्या आने पर मुफ्त में इनकी रिपेयरिंग भी की जाती है, जिस कारण हम उस दुकान, कंपनी, ब्रांड से हमेशा जुड़े रहते हैं और इन उत्पादों की दुबारा जरूरत पड़ने पर हम इन्हें उसी दुकान या शोरूम से खरीदते हैं जो हमें उत्तम सेवा देती है। मेरी जानकारी में ऐसे कई फैब्रिकेटर भी हैं जो अपनी सेवा ग्राहकों को, जिनके यहाँ उन्होंने जो सामान बनाकर लगाया है, उसमें समस्या आने पर वे कुछ समय तक मुफ्त में सेवा देते हैं और मुफ्त में उस सामान को ठीक कर देते हैं।

उनसे उनका ग्राहक खुश रहता है और दुबारा किसी भी प्रकार के फैब्रिकेशन की जरूरत पड़ने पर वह हमेशा उसी फैब्रिकेटर को काम देता है और अपने उन जानकारों को उसी फैब्रिकेटर का रेफ्रेंस भी देता है जिन्हें फैब्रिकेशन के काम की जरूरत होती है। जिस प्रकार कोई भी उत्पाद खरीदने पर, यदि हमें वहाँ अच्छी सेवा मिलती

बिक्री उपरांत सेवा

है, तो हम उसका गुणगान करते हैं, उसी प्रकार आपको भी ऐसा ही करना है, ताकि आपका ग्राहक आपकी बिक्री उपरांत सेवा से खुश होकर आपकी तारीफ करे और जीवनभर दूसरे लोगों को आपका रेफ्रेंस देता रहे।

आप इसे पढ़कर जो कुछ भी समझें हैं और जो भी नए विचार आपके दिमाग में आ रहे हों, ऐसे 5 से 10 विचार अभी यहां लिख लें, नहीं तो बाद में आप भूल जाएंगे। अभी आप इसी जोन (Zone) में हैं, बहुत कुछ आ रहा होगा दिमाग में। गलत सही की चिंता न करें, सिर्फ लिख लें, बाद में सब ठीक हो जाएगा।

मेरी आपसे request है लिखे बिना आगे न बढ़ें। कृपया पहले लिख दें जो भी आपके मन में विचार आए हैं।

1. ....
2. ....
3. ....
4. ....
5. ....
6. ....
7. ....
8. ....
9. ....
10. ....

अध्याय 7

हर बार समय पर
On time, Everytime

आप इस किताब को पढ़ते हुए अगर कुछ बातें अभी तक समझ चुके हैं, तो आप कहीं न कहीं मेरी बातों से सहमत होना शुरू हो गए होंगे। अब मैं आपको एक बहुत ही गंभीर विषय की तरफ लेकर जाना चाहता हूँ।

आप जब इसको आगे पढ़ेंगे तो आपको भी समझ में आ जाएगा कि वह गंभीर विषय क्या है।

मैंने 80 प्रतिशत फैब्रिकेटर्स को तुरंत कमिटमेंट करते हुए देखा है। जब भी कोई व्यक्ति किसी फैब्रिकेटर को अपना काम, जैसे घर का या फैक्ट्री का करने के लिए कहता है, तब वह उस फैब्रिकेटर से पूछता है कि यह कब तक कर दोगे? या इसे कब तक बना दोगे? तब वह सामने से कहता है कि हाँ जी! भाई साहब 25 दिन में दे दूँगा। तब

ग्राहक कहता है, अरे नहीं! 25 दिन तो बहुत ज्यादा हैं, इसको 15 दिन में कर दो।

तब वह फैब्रिकेटर कहता है कि नहीं-नहीं, 15 दिन में तो नहीं हो सकता, मैं 18-20 दिन में दे दूँगा। तब वह डील वहाँ पर डन हो जाती है। लेकिन कई फैब्रिकेटर्स जल्दबाजी में गलत कमिटमेंट करते हैं। सिर्फ काम लेने के लालच में झूठी कमिटमेंट करके वे काम तो ले लेते हैं, लेकिन बाद में उस टाइम पर काम नहीं दे पाते हैं। जिस कारण से हमने लड़ाई-झगड़े होते हुए, फैब्रिकेटर से गाली-गलौच होते हुए तथा उसके साथ बदतमीजी होते हुए भी देखी है। और तो और, बहुत सारे मामलों में लोग काम करवाने के बाद उनको पैसे भी नहीं देते हैं या फिर पैसे देने के लिए उनको 6 महीने/1साल/2साल तक लटकाते हैं, क्योंकि फैब्रिकेटर ने उनके साथ गलत किया होता है और समय पर अपना कमिटमेंट पूरा नहीं किया होता है। और तो और कई बार जिसके घर में सामान लगाना था, फैब्रिकेटर की गलती के कारण उसको अपने मुहूर्त की तारीख भी बदलनी पड़ती है, क्योंकि उसके घर में वह काम समय पर पूरा नहीं हुआ होता।

एक दो मामले हमारे सामने ऐसे भी आए, जहाँ पर मुहूर्त रख दिया गया पर फैब्रिकेटर ने काम ही नहीं किया और जब उनके घर में फंक्शन हुआ, तब वहां रेलिंग नहीं लगी थी, गेट नहीं लगा था, और वे लोग रहने आ गए। पुराना गेट देखकर लोगों ने उन्हें टोका कि भाई साहब, यह क्या है? दूसरा घर पूरा नहीं हुआ, इसके कारण उस घर के अंदर हादसा भी हुआ, क्योंकि रेलिंग न लगने की वजह से बच्चा गिर गया और उसे चोट भी लग गई। उस शुभ घड़ी में ऐसा अशुभ हुआ तो उन्हें और भी ज्यादा बुरा लगा।

उन्होंने उस फैब्रिकेटर को धक्के मारकर अपने घर से बाहर निकाला और उसके खिलाफ कम्पलेंट भी कर दी, उसके खिलाफ लीगल एक्शन भी लिया, जिस कारण से उस फैब्रिकेटर को बहुत परेशानी हुई और उसे बहुत नुकसान भी झेलना पड़ा। कई दिनों तक उसकी दुकान बंद रही, उसका परिवार परेशान रहा। इसके विपरीत मैंने कुछ फैब्रिकेटर्स ऐसे भी देखे हैं जो 25 दिन का समय माँगते हैं और 20वें दिन उनके घर में माल पहुँचा देते हैं। और वे टाइम से पहले काम कर देते हैं। उनको पैसा भी टाइम पर मिलता है, क्योंकि उनके प्रति ग्राहक का विश्वास मजबूत हो जाता है। इसके पीछे प्रमुख कारण यह है कि वह पहले ही कह चुका होता है कि भाई साहब मैं 25 दिन से पहले इस काम को नहीं कर सकता, क्योंकि मेरे पास काम है, इसमें इतना समय तो लगेगा ही लगेगा।

आप एक उदाहरण लीजिए, आप होटल में गए। होटल में वेटर को आपने बोला कि भाई साहब, मुझे दाल मक्खनी खानी है। वह बोला, भाई साहब 15 मिनट लगेंगे। आप बोले कि नहीं मुझे तो दो ही मिनट बाद चाहिए, तो क्या होगा? क्या वह पकी हुई दाल खिला पाएगा? क्या वह आपको अच्छी दाल खिला पाएगा? यह भी वैसा ही है, बिल्कुल फैब्रिकेटर के काम जैसा। इसके अंदर साधारण सी बात है, हमेशा समय का ध्यान रखकर काम करने से ही बात बनती है।

आप ही यह बताओ कि आपको अगर फ्लाइट पकड़नी हो, तो क्या आप लेट जाते हो? 10 बजे की फ्लाइट है तो आप 11 बजे पहुँचोगे क्या? इसकी बजाय अगर उन्होंने 2 घंटे पहले आने के लिए बोला तो आप 2 घंटे पहले (8 बजे) पहुँचते हो। अगर आप लेट हो गए तो आपका ही नुकसान होगा। यहाँ भी ऐसा ही है। नुकसान उन घर वालों से ज्यादा आपका अपना है। वह ग्राहक जीवनभर के लिए आपसे टूट जाता है, और तो और, अगर उनसे कोई पूछे कि

काम किससे करवाना है तो वह आपका नाम तक नहीं लेगा, वह आपके बारे में बोलेगा कि वह काम समय से नहीं करता, पैसे ले लेता है, परेशान करता है, तुम किसी और को ढूँढ लो। इसलिए हमेशा समय का ध्यान रखें, कोई कमिटमेंट की है तो उसे पूरा करें। जल्दबाजी में काम पकड़ने की होड़ में न लगे रहें।

इसमें मैंने यह भी देखा कि जो भी लोग समय पर कमिटमेंट पूरी करते हैं, उनको न सिर्फ पैसा टाइम से मिलता है, बल्कि जिसके घर में काम हो रहा होता है, फैब्रिकेटर का उस घर वाले से रिलेशन भी इतना अच्छा हो जाता है कि वह उसको मुहूर्त पर भी बुलाते हैं और जीवनभर उसको याद करते हैं। साथ ही वे उन्हें हमेशा अन्य लोगों को भी रिकमेंड करते हैं। तो इसके अंदर मेरा यह कहना है कि आप, जिसको भी, जो भी टाइम लेते या देते हैं, हमेशा उसका ध्यान रखें। अपनी कमिटमेंट को हमेशा पूरी करें। ऐसा करने से आपके पास लगातार बिना किसी एक्सट्रा मेहनत के व बिना मार्केटिंग किए ही काम आता रहेगा। आपकी फैक्ट्री तथा दुकान में लेबर कभी खाली नहीं बैठेगी और आपका लगातार जीवनभर काम चलता रहेगा।

अध्याय 8

बिना मार्केटिंग के जीवनभर काम प्राप्त करते रहने की व्यवस्था
Without Marketing Lifelong Referral Engine

यह विषय बाकी विषयों से और भी ज्यादा गंभीर व महत्त्वपूर्ण है। कृपया इस पर विशेष ध्यान दें व इसे पढ़ते हुए जो भी विचार आपके दिमाग में आए उसे आगे दिए गए आइडिया वाले पेज पर लिखें।

मैंने यह नोटिस किया है कि ज्यादातर फैब्रिकेटर्स काम करते समय यह सोचते हैं कि जिस व्यक्ति के लिए वे फैब्रिकेशन का काम कर रहे हैं, उसे वहाँ एक बार ही काम करना है या फिर 10-20 साल बाद कभी काम करना होगा। इसलिए फैब्रिकेटर की यह सोच रहती है कि आज इससे जितना ज्यादा से ज्यादा कमा सकता हूँ, क्या लूँ, पता नहीं यह मेरे पास दुबारा कब आएगा।

उसके मन में यह भी रहता है कि उस ग्राहक से शायद ही उसे कोई रेफ्रेंस मिले, लेकिन सच्चाई इसके बिल्कुल विपरीत है, जिसे शायद वे देख नहीं पाते हैं।

जो इंसान घर बनाता है, वह जीवन में अपने लिए सिर्फ एक ही नहीं, बल्कि अनेक घर बनाता है और जो भी बनाता है उसे दिल से व खूब बढ़िया बनाता है और इससे भी ज्यादा महत्त्वपूर्ण बात यह है कि जिसके लिए काम किया जा रहा है, उस व्यक्ति में इतनी क्षमता शक्ति है कि वह फैब्रिकेटर का, जिससे वह संतुष्ट है, रेफ्रेंस कम से कम ऐसे 100 लोगों को बड़ी आसानी से दे सकता है, जिनके यहां फैब्रिकेशन का काम होना है। कृपया नीचे दिए आंकडों पर गौर करें।

उदाहरण के लिए सोचें

एक घर में लगभग 1 गेट, 4 मंजिल की सीढ़ियों की रेलिंग, सामने की रेलिंग, खिड़कियों की ग्रिल, हैण्डरेल, छत पर शेड़, साफ्ट के जाल तथा कुछ और गेट लगते हैं। अगर सभी काम न भी हों तब भी कम से कम उसकी कीमत कम से कम 1 से 4 लाख रुपए तक आ जाती है। एक संतुष्ट ग्राहक ने अगर आपको 100 रेफ्रेंस भी दिए तो उसकी गणना इस प्रकार होगी–

औसत 2 लाख मान लें कम से कम

1 ग्राहक × 100 रेफ्रेंस × 2 लाख रुपये, तब औसत = Rs. 2,00,00,000

आप देखें! आप जिसके लिए काम कर रहे हैं उसको संतुष्ट करना कितना जरूरी है, क्योंकि वह सिर्फ एक अकेला ग्राहक ही नहीं है, उसके साथ और भी ग्राहक जुड़े हैं। इसलिए वह व्यक्ति आपको Rs. 2 करोड़ तक का काम आसानी से दिलवा सकता है। इसको थोड़ा और गंभीरता से समझें–

1 से मिले, 100 ग्राहक

100 से मिले, 10000 ग्राहक

और ग्राहक को प्राप्त राशि से गुणा करने पर काम मिलेगा–

10,000 × 2,00,000 = Rs. 2,00,00,00,000

आपको हँसी आ रही होगी, परंतु यह एक गंभीर एवं चौंकाने वाली सच्चाई है। एक संतुष्ट ग्राहक, खुद संतुष्ट होने पर जीवनभर आपके पास ग्राहक भेजता रहेगा। आज हम खुद भी इसी मॉडल पर काम कर रहे हैं। हमने आज तक भी अपनी दुकान की मार्केटिंग को लेकर कुछ नहीं किया और न ही कोई पैसे खर्च किए हैं। परंतु हमारे संतुष्ट हुए ग्राहकों ने ही हमारा प्रचार कर हमारी स्टेनलेस स्टील की कंपनी को फैब्रिकेशन इंडस्ट्री का एक ब्रांड बना दिया है।

वही लोग आज हमारे पास लगातार अपने जानकारों को भेजते हैं। आज हमसे वह व्यक्ति भी जुड़ा हुआ है जिसने हमसे 90 के दशक में जब दुकान खोली थी तब सामान लिया था। एक बार जो व्यक्ति हमसे जुड़ गया वो हमसे सदा संपर्क में व हमेशा के लिए हमारे साथ रहता है।

यह पढ़कर इस समय आपके द्वारा संतुष्ट हुए जिन भी ग्राहकों के नाम आपके दिमाग में

आ रहे हैं, उनकी सूची बनाएँ ताकि आप मेरे द्वारा बताए गए तरीके से उनसे अपने लिए रेफ्रेंस माँग सकें।

कम से कम दस नाम अवश्य लिखें, भले ही आपने उनका काम 10-20 साल पहले ही क्यों न किया हो।

क्र.सं.	नाम	मो॰	स्थान
1.			
2.			
3.			
4.			
5.			
6.			
7.			
8.			
9.			
10.			

अध्याय 9

अपनी छवि और सम्मान को बनाकर रखें

Own Self Image & Respect

सबसे पहले फैब्रिकेटर को अपना स्वयं का सम्मान करना जरूरी है। मैंने देखा है 75% फैब्रिकेटर्स अपनी खुद की ही इज्जत नहीं करते। वो अपने आपको धरती का या इस इंडस्ट्री का सबसे छोटा व्यक्ति समझते हैं।

"जो फैब्रिकेटर है, वे क्रिएटर है", मैंने पहले भी बताया आपको। क्रिएटर वह होता है जो कुछ निर्माण करता है, जो कुछ

नया बनाता है। कोई भी व्यक्ति एक सैलून में जाता है तो उससे नाई भी इज्जत से बात करता है और वह नाई मात्र 200-400 रुपये के बाल काटकर उसको यह दिखाता है कि भाई मैंने तो तेरे लिए बहुत बड़ा काम कर दिया। मैंने तो तुम्हें हीरो बना दिया। इस प्रकार वह अपना एहसान जताता है।

ऐसे ही हम दर्जी की ओर चलते हैं। हमने उसको कपड़ा दिया। वह यह दिखाता है कि मैंने आपके लिए बढ़िया कपड़े सिले हैं। आप बहुत अच्छे लग रहे हैं। मैकेनिक जो गाड़ी ठीक कर देता है, वह कहता है, मैंने आपकी गाड़ी बढ़िया कर दी, मैंने आपकी इतनी बड़ी प्रॉब्लम सॉल्व कर दी। आपकी गाड़ी चल रही है, नहीं तो पता नहीं क्या होता! तब हम सब उनका धन्यवाद करते हैं। मेरा यह मानना है कि एक घर को खूबसूरत बनाने में सबसे ज्यादा योगदान एक फैब्रिकेटर का होता है, उसकी कला का होता है, अतः उसकी पूरी इज्जत होनी चाहिए।

आपको (फैब्रिकेटर्स) को यह मानने की जरूरत है कि घर की खूबसूरती के अन्दर न केवल लकड़ी वाले का, पेंट वाले का हाथ है, बल्कि आपका अपना भी हाथ है, क्योंकि घर में सबसे पहले घुसते ही मेन गेट दिखता है, और मेन गेट से ही घर की पहचान होती है। आगे सीढ़ियों की रेलिंग, बाहर का दरवाजा, ये सब चीजें बहुत महत्वपूर्ण हैं। वो पहचान है, जो आप बना रहे हैं, जो बना कर के दे रहे हैं, उसकी। आपने उसे अपना बेस्ट दिया है। दूसरा, वह इज्जत भी आपको मिलनी चाहिए जिसके आप हकदार हैं। आपको इस बात की खुशी होनी चाहिए कि मैंने जो कुछ भी बनाकर दिया है, वह बहुत मजेदार है। आप दर्जी, नाई, हलवाई या मैकेनिक के यहाँ जाते हैं तो आप खुद उनकी बहुत इज्जत करते हैं क्योंकि आप यह मानते हैं कि जो उन्होंने आपको करके दिया वह सबसे बेहतर है। इसलिए आपको भी उन सबकी तरह अपने ग्राहक को यह बताना

है कि आपने जो बनाकर दिया है वह सबसे अच्छा है, तभी वह हमेशा आपकी तारीफ करेगा, खुश रहेगा और आपका हमेशा रेफ्रेंस देगा। अत: हमेशा अपने आपकी इज्जत करें और खुद को कभी भी छोटा न समझें।

अध्याय 10

सस्ता माल खराब, महँगा माल अच्छा क्यों?
Why there is perception of Cheap Product Good, Costly Product Better?

जितना गुड़ डालोगे उतना मीठा होगा

*"जो सस्ता है वह अच्छा नहीं,
जो अच्छा है वह सस्ता नहीं।"*

कोरोना के समय में हम सबने देखा कि काफी लोगों ने अपने परिवार वालों को बचाने के लिए ऑक्सीजन व कंसन्ट्रेटर खरीद कर रख लिए, ताकि जरूरत पड़ने पर वे उनके काम आएँ। उनमें से कुछ लोग ऐसे भी थे, जिन्होंने जो कंसन्ट्रेटर 50,000–70,000 रुपये के थे, वे मात्र 20,000–30,000 रुपये में किसी गलत आदमी से खरीद लिए और खुश हुए कि हमने काफी पैसे बचा लिए। फिर एक दिन जब उनके परिवार में जरूरत पड़ी तो उनका कंसन्ट्रेटर चला ही नहीं, उनके काम नहीं आया और परिवार के उस व्यक्ति की बिना ऑक्सीजन के मृत्यु हो गई। ऐसे ही एक और उदाहरण में, एक फैब्रिकेटर ने आग से बचने के लिए सस्ते अग्निशामक यंत्र (Fire Extinguisher) खरीद लिए कि ये सिर्फ औपचारिकता के लिए

लगाने हैं। फिर एक दिन शॉर्ट सर्किट से आग लगने के कारण, उसने अपनी लेबर से वही सस्ते वाले अग्निशामक जल्दी से उठाकर लाने को कहा ताकि उसके यहाँ लगी आग पर काबू पाया जा सके। परंतु व सिलेण्डर किसी काम न आए क्योंकि उनमें आग पर काबू पाने वाली कोई गैस ही नहीं थी। इसलिए उसकी फैक्ट्री में लगी आग पर काबू न पाया जा सका और वह जल कर खाक हो गई।

ऐसा पूरी फैब्रिकेशन इंडस्ट्री में होता है। कई फैब्रिकेटर्स द्वारा हल्की गुणवत्ता वाले सस्ते माल लगा दिए जाते हैं, जो जल्दी खराब तो होते ही हैं और किसी बड़ी दुर्घटना को निमंत्रण भी देते हैं। एक बार एक घर की बालकनी की रेलिंग गिर गई, जिसके कारण उस घर में रह रहे व्यक्ति की गिरकर मौत हो गई। तो उसके परिवार वालों ने उस फैब्रिकेटर के खिलाफ कार्यवाही कर उसे जेल भिजवाया व उसकी दुकान भी सील करवा दी, जिसके कारण उस फैब्रिकेटर के परिवार व बच्चे खाने तक के लिए मोहताज हो गए।

दोस्तों! यह सब बातें बताने का मेरा उद्देश्य आपको डराना नहीं है, बल्कि यह समझाना है कि छोटे से लालच के कारण काफी फैब्रिकेटर्स सस्ता व हल्का माल लगा देते हैं, जो उन्हें कुछ दिनों बाद काफी नुकसान देता है। कई बार फैब्रिकेटर्स को ऐसी स्थिति में अपने ग्राहकों का काम भी दुबारा करके देना पड़ता है। इसलिए मैं

स्पष्ट शब्दों में कहना चाहता हूँ कि सदैव, कुछ भी करें, किसी के लिए भी काम करे, कुछ भी बनाएँ, हमेशा सबसे बढ़िया गुणवत्ता वाले माल का ही प्रयोग करें।

सस्ता हमेशा पैसा बचाएगा और नुकसान देगा।
बढ़िया हमेशा महँगा होगा, लेकिन सिर्फ
फायदा ही देगा।

अध्याय 11

स्टेनलेस स्टील में आज से ही जुड़ना क्यों जरूरी है?

Why it is important to get associated with stainless steel from today itself?

स्टेनलेस स्टील, जो हिंदुस्तान के अंदर बहुत पहले हार्डवेयर में, फिर बर्तनों में, कन्स्ट्रक्शन, डैकोरेशन में और फिर रेलिंग, गेट तथा ग्रिल आदि सब में आया। आज स्टेनलेस स्टील भारत में वह मैटल बन चुका है, जिससे हर चीज बन रही है। आज स्टेनलेस स्टील से गाड़ियाँ, बसें, रेल, ट्रेन, मेट्रो आदि सभी चीजें बन रही हैं। आज यह बर्तन, बोतलों, ढक्कनों, लेपटॉप, मोबाइल्स में भी लग रही है। स्टेनलेस स्टील आज, रोजमर्रा की जिंदगी में जितनी भी चीजें हैं, उन सभी में इस्तेमाल हो रही है। कॉस्मैटिक प्रोडक्ट्स में बोतल काँच की है तो ढक्कन स्टील का है, पंखे के अंदर के डिजाइन्स स्टेनलेस स्टील के हैं, नल स्टेनलेस स्टील के हैं, पैंट की जिप, ए.सी., कूलर, बर्तन, फर्नीचर, बेड, रसोई, अलमारी सब कुछ स्टेनलेस स्टील का बना है।

पानी के पाइप, जो अंडरग्राउंड यूज़ होते हैं, वे पहले GI के आते थे, फिर PVC के आने लगे और अब वे भी स्टेनलेस स्टील के आने लगे हैं।

आप कोई भी इंडस्ट्री उठा के देख लो, सबमें स्टेनलेस स्टील का प्रयोग हो रहा है। हिंदुस्तान में तो यह बहुत कम है, विदेशों में तो पूरी की पूरी बिल्डिंग ही स्टेनलेस स्टील की बन रही है। तो आप स्टेनलेस स्टील को जितनी जल्दी अपना लेंगे, उतने ही ज्यादा फायदे में रहेंगे।

आप इसकी मार्केट पर जल्दी अपनी पकड़ बना लेंगे। आज समय है, सीख लीजिए। जो टैंट इंडस्ट्री है वह स्टेनलेस स्टील की है, बैंड बन रहे हैं, सोफे, चेयर, डाइनिंग टेबल, डस्टबिन स्टेनलेस स्टील के बनते हैं। पेन के अंदर, बुक की स्पाइरल के अंदर, कार्टन के अंदर की पिन में, स्टैपलर के अंदर, शुरू से ही स्टेनलेस स्टील लगता आ रहा है, अब ढोल भी स्टेनलेस स्टील के आने लगे हैं। बात समझने की है। क्या आपको पता है कि हम जो नट, बोल्ट यूज करते हैं वे भी स्टेनलेस स्टील के ही हैं हर जगह स्टेनलेस स्टील लगता है, हर जगह!

अभी भी समय है, आप आसानी से इससे जुड़ सकते हैं, सीख सकते हैं। इसलिए समय रहते स्टेनलेस स्टील को समझ लीजिए, यह आपके काम आएगा। कहीं ऐसा न हो कि बाद में पछताना पड़े।

स्टेनलेस स्टील में आज से ही जुड़ना क्यों जरूरी है?

आप अभी लिस्ट बनाएँ कि आप क्या-क्या बनाते हैं और क्या-क्या बना सकते हैं या किस इंडस्ट्री से जुड़ सकते हैं या किस इंडस्ट्री से जुड़ना चाहेंगे।

जो बनाते हैं	जो बना सकते हैं

इससे आपको पता चलेगा कि आपको इस व्यवसाय में और किन लोगों को जोड़ना है।

मेरे फैब्रिकेटर भाईयों, बंधुओं, दोस्तों! मेरा उद्देश्य है कि मैं इस देश के फैब्रिकेटर्स का सम्मान बढ़वाऊँ और उनका जीवन सुधारूँ। आप जीवनभर जो करते आ रहे हैं, उसे और अच्छी तरह से करें। फैब्रिकेटर की एक पहचान होनी चाहिए।

आप केवल फैब्रिकेटर ही नहीं हैं, बल्कि एक क्रिएटर भी हैं, इसलिए "Fabricator is a Creator." आपने यह किताब पढ़कर कुछ बातें समझी व परखी होंगी, ऐसी और बहुत सी बातें मेरे पास हैं जो मैं आपके साथ शेयर करना चाहता हूँ व आपको कुछ सिखाना चाहता हूँ।

परंतु वे ऐसी बातें हैं, जिन्हें मैं यहाँ नहीं लिख सकता लेकिन आपके साथ शेयर अवश्य कर सकता हूँ। मेरा प्रमुख उद्देश्य यही है कि मैं आपको एक ब्रांड के रूप में स्थापित करूँ ताकि आप अपनी कमाई को दस गुना कर सकें और जीवनभर बिना रुके लगातार काम करते हुए जीवन में आगे बढ़ सकें।

अब आपके पास दो रास्ते हैं-

1. पहला रास्ता यह है कि अपने अनुभव के आधार पर आप स्वयं मेहनत करें एवं आगे बढ़ें और स्वयं को एक ब्रांड के रूप में स्थापित करें।
2. दूसरा रास्ता यह है कि आप मेरे साथ 1–2–1 कॉल फिक्स करके मुझसे इन कार्यों को करने के आसान तरीके सीखें व इसकी बारीकियों को समझें, जो जल्दी से आपका काम बढ़ाने में एवं आपकी तरक्की में मददगार साबित होंगी।

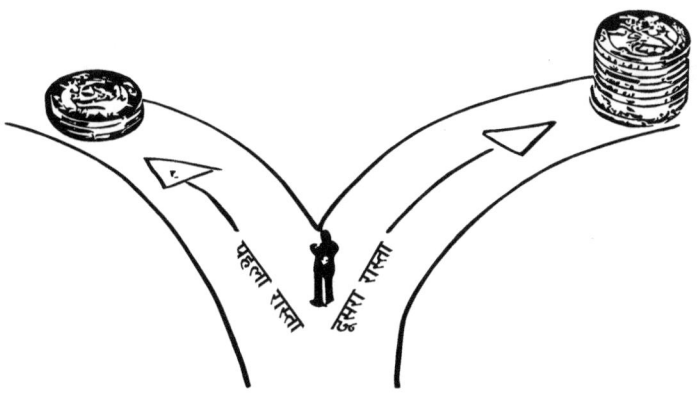

यदि आप पहला रास्ता अपनाते हैं तो हो सकता है कि इस कार्य में विशेषज्ञता हासिल नहीं होने के कारण आपको अपने मार्ग में काफी कठिनाइयों का सामना करना पड़ेगा और अपने उद्देश्य की प्राप्ति में आपको काफी समय भी लगेगा। यह भी संभव है कि आप अपने उद्देश्य में सफल न हो सकें और आपका समय, पैसा एवं मेहनत सभी व्यर्थ चले जाएँ। अतः अपने व्यवसाय को आगे ले जाने के लिए आप किसी विशेषज्ञ की सलाह लें और दूसरा रास्ता अपनाएँ।

आप मुझसे संपर्क करने के लिए नीचे दिए गए नंबर पर कॉल, मैसेज या व्हाट्सएप कर सकते हैं। मेरी टीम आपसे खुद संपर्क करेगी।

मो०-8130172244, 8130162244

www.ingramcontent.com/pod-product-compliance
Lightning Source LLC
LaVergne TN
LVHW052007060526
838201LV00059B/3890
* 9 7 8 9 3 5 5 5 4 4 0 8 7 *